DEMANDE

DU GOUVERNEMENT HONGROIS

adressée

à la SOCIÉTÉ DES NATIONS

en désignation, conformément aux Traités, des arbitres suppléants neutres
dans l'affaire
du rappel, par le Gouvernement roumain, de son arbitre national
du Tribunal arbitral mixte roumano-hongrois.

DEMANDE

DU GOUVERNEMENT HONGROIS

adressée

à la SOCIÉTÉ DES NATIONS

en désignation, conformément aux Traités, des arbitres suppléants neutres dans l'affaire du rappel, par le Gouvernement roumain, de son arbitre national du Tribunal arbitral mixte roumano-hongrois.

Londres, le 21 mai 1927.

Monsieur le Secrétaire Général,

Le soussigné délégué du Royaume de Hongrie au Conseil de la Société des Nations pour *l'affaire du rappel par la Roumanie de son arbitre national du Tribunal arbitral mixte roumano-hongrois dans certains procès de ressortissants hongrois*, a l'honneur, d'ordre de son Gouvernement, d'adresser, par la présente, au Conseil de la Société des Nations la demande formelle de bien vouloir procéder, dans sa session prochaine, à la désignation, en vertu de l'article 239 du Traité de Trianon, de deux arbitres suppléants à choisir parmi les ressortissants des Puissances qui sont restées neutres au cours de la guerre mondiale.

Cette demande n'a besoin d'aucune autre motivation que le fait que de tels arbitres suppléants n'ont pas encore été désignés pour le Tribunal arbitral mixte en question. C'est dans ce sens que les dispositions invoquées de l'article 239 du Traité de Trianon, de même que les dispositions identiques des autres Traités, notamment du Traité de Saint-Germain et de Neuilly ont été déjà appliquées par le Conseil de la Société des Nations au courant de l'année 1923, alors qu'il ne s'était pas manifesté le moindre danger de vacance d'un siège d'arbitre, auprès de six tribunaux arbitraux mixtes alors fonctionnant, à savoir les Tribunaux arbitraux mixtes franco-hongrois, franco-autrichien, franco-bulgare, belgo-hongrois, belgo-autrichien, belgo-bulgare. Bien que ces Tribunaux aient normalement accompli leur tâche sous la présidence de personnages élus d'un commun accord par les Hautes Parties intéressées, néanmoins le Conseil a procédé à la désignation des suppléants. La Hongrie, l'Autriche et la Bulgarie n'ont pas même été invitées à siéger au Conseil à l'occasion de cette désignation, tellement l'affaire a été considérée comme un devoir incombant directement et incontestablement au Conseil de la Société des Nations en vertu des Traités dans l'intérêt du bon ordre international et de l'exécution des Traités. Aussi la lettre de M. Poincaré, alors Président du Conseil de la République Française, adressée à ce sujet à la Société des Nations et invoquée par le Rapporteur de l'affaire dans son projet de résolution (Journal Officiel 1923, nº 3, page 399, Document C. 101, 1923), qualifie le fait que la désignation, par le Conseil de la Société des Nations, des arbitres suppléants n'a pas été faite jusqu'alors auprès de ces Tribunaux, comme une « *omission* », malgré que ces Tribunaux possédaient des présidents élus par les Puissances elles-mêmes.

Le délégué soussigné a eu occasion d'invoquer déjà dans ses observations faites à la dernière session du Conseil ces précédents, de même que les précédents des Tribunaux arbitraux mixtes allemands qui ressemblent au présent cas encore davantage en ce sens qu'il s'y agissait,

Son Excellence
Sir Eric Drummond,
Secrétaire Général de
la Société des Nations,
Genève.

comme dans le cas présent, d'un rappel déjà accompli des arbitres nationaux.

Le délégué soussigné a l'honneur de mettre, ci-inclus, à la disposition des Membres du Conseil copies des documents du Conseil lui-même, ayant trait à ces affaires. Annexes A.

Le cas présent est plus grave que tous les autres similaires connus jusqu'à présent, en ce sens que le rappel par la Roumanie de son arbitre a eu lieu exprès dans le but d'empêcher l'arbitrage dans une suite d'affaires déterminées où le Tribunal s'est déjà prononcé sur certains détails du problème dans un sens défavorable aux points de vue de la Roumanie. La même Roumanie aurait accepté les mêmes décisions du Tribunal arbitral si elles avaient été favorables pour elle. La tentative devient encore plus grave dès qu'elle a la prétention d'être couverte par la Société des Nations. En fin de compte c'est un essai d'abuser de la haute institution de la Société des Nations dans un but pour lequel elle ne fut pas créée, et il n'aurait d'autre conséquence que de créer, avec l'aide de la Société des Nations, un précédent démontrant comment un Etat pourrait réussir, le cas échéant, à se débarrasser d'une sentence arbitrale défavorable.

Il est inutile de répéter ce qui a été déjà dit dans la session dernière, à savoir que le caractère « définitif » d'une sentence arbitrale des Tribunaux arbitraux mixtes, qui est expressément assuré par le même article 239 du Traité de Trianon et les articles respectifs de tous les autres Traités et qui est inhérent même par définition à toutes les sentences arbitrales, s'oppose impérieusement à toute possibilité de leur revision de la part de toute autre instance. Une discussion engagée devant une autre instance et concomitante avec la procédure devant le Tribunal arbitral serait en elle-même une grave infraction au principe de l'indépendance de la justice internationale et aux stipulations des Traités.

Aussi c'est par pure générosité, et dans le but de mettre fin à des discussions dangereuses qui ne sauraient produire que des résultats fâcheux, que le soussigné, délégué du Gouvernement hongrois, a offert à la Roumanie dans la dernière session du Conseil l'arbitrage de la Cour permanente de Justice internationale, pour décider, par compromis spécial, sur la seule question qui se puisse poser en dehors des dispositions strictes du Traité, à savoir si, dans le cas concret, l'allégation de la Roumanie en vertu de laquelle les sentences du Tribunal arbitral roumano-hongrois auraient été rendues par excès ou par usurpation de pouvoir, peut être prise au sérieux. La preuve a été apportée sur le champ, puisque la Roumanie a décliné immédiatement la voie de justice même sur ce point. D'autres générosités ne sauraient plus être exigées de la Hongrie, sans exiger d'elle, par cela-même, la revision du Traité de Trianon lui-même.

Cette tendance de la Roumanie de se soustraire à la voie judiciaire dans les affaires de violation du Traité par des dispositions incluses dans sa réforme agraire dure déjà depuis des années ; elle s'est manifestée sous les formes les plus différentes. Il était d'autant plus surprenant d'entendre l'honorable Représentant de la Roumanie commencer ses déclarations, à la dernière session du Conseil, en alléguant que cette question aurait été « jugée » déjà quatre fois.... Par qui ? Dans la situation où ces affaires se trouvent en ce moment, la seule instance qui a le droit de se prononcer sur elles, c'est, en vertu des Traités, le Tribunal arbitral mixte. On ne peut pas le troubler dans l'exercice de ses fonctions sans violer les Traités.

Il est regrettable que la Roumanie ait déjà réussi à introduire un nouveau retard de trois mois dans le fonctionnement, déjà tardif, du Tribunal arbitral mixte roumano-hongrois par l'annonce hautaine, par l'intermédiaire de son avocat, du rappel de son arbitre et par sa démarche auprès de la Société des Nations, unique dans son genre. Les documents ci-annexés donnent une idée de l'entrave qui a été déjà causée au libre fonctionnement de la justice par cette démarche de la Roumanie. Annexes B.

Mais il n'y a presque pas de Tribunaux arbitraux mixtes qui n'aient ressenti un trouble plus ou moins grave dans leur fonctionnement ou tout au moins un danger pour l'efficacité de leurs décisions à la suite de l'exemple donné par la Roumanie. Les initiés le savent et l'incident au Tribunal arbitral mixte franco-turc a eu aussi des échos dans les journaux.

La Roumanie risque de mettre en question pour ainsi dire les principes fondamentaux qui sont à la base soit de la justice internationale en général, soit de la jurisprudence unanimement établie en la matière spéciale des « liquidations » et de la protection de la propriété privée des étrangers par tous les Tribunaux arbitraux mixtes, (qui sont au nombre d'environ 40), de même que par la Cour permanente d'arbitrage et la Cour permanente de Justice internationale de la Société des Nations, à savoir : le principe de la primauté du droit international sur le droit interne, qui est la base du droit international lui-même, le principe du caractère définitif des sentences arbitrales et spécialement de celles des Tribunaux arbitraux mixtes, le principe de l'indépendance des organes judiciaires à l'égard des organes politiques même dans la vie internationale et de leur primauté sur ces derniers (c'est ce qui signifie précisément qu'ils sont des organes judiciaires), le principe de la nécessité absolue de la protection des sentences judiciaires contre l'arbitraire des parties perdantes, etc. ; plus spécialement : le principe qu'en matière de « mesures de guerre » et de « disposition », respectivement de « saisie » et de « liquidation », la question du traitement différentiel des ennemis, respectivement des ex-ennemis n'est pas un trait caractéristique requis ; le principe fermement établi depuis des siècles en droit international que l'étranger ne peut être privé de sa propriété sans indemnité convenable, de quelque façon que l'Etat traite sur ce point ses propres ressortissants, etc., etc.

Des centaines de sentences ont été rendues, dès le début de leur fonctionnement, par les différents Tribunaux arbitraux mixtes en application de ces principes surtout contre l'Allemagne, et d'autres affaires attendent encore leur solution des Tribunaux arbitraux mixtes dans le même sens. Dans le même sens ont décidé absolument la même question les deux Cours internationales de la plus grande autorité : la Cour permanente d'arbitrage par sa sentence du 13 octobre 1922 entre la Norvège et les Etats-Unis d'Amérique, et la Cour permanente de Justice internationale de la Société des Nations par son Arrêt nº 7, rendu le 25 mai 1926, entre l'Allemagne et la Pologne. (Les Etats-Unis d'Amérique ont réquisitionné des bateaux norvégiens, comme ils ont réquisitionné en même temps des bateaux de leurs propres ressortissants sans payer indemnité complète. La Pologne a saisi des immeubles appartenant à des ressortissants allemands sans indemnité et a invoqué, également inutilement, le défaut de différentialité du traitement; ce dernier arrêt donne même une définition classique de la notion de la « liquidation », qui n'est pas du tout une invention hongroise, comme l'honorable Représentant de la Roumanie l'a prétendu.)

Ecouter les semblants d'arguments proférés par la Roumanie contre les vingt-deux sentences du Tribunal arbitral mixte roumano-hongrois qui se basent absolument sur les mêmes principes, implique déjà le danger de vouloir ébranler ou tout au moins de vouloir affaiblir aussi l'autorité de toutes ces autres sentences arbitrales rendues tout récemment ou à rendre dans le proche avenir, à cette aube même de l'arbitrage international.

Les autres critiques avancées par la Roumanie contre les vingt-deux sentences en question consistent à prétendre qu'elles ne décident pas certains points essentiels du problème. L'honorable Représentant de la Roumanie a bien voulu énumérer ces points. Mais puisqu'il s'agit de sentences portant exclusivement sur la compétence, leurs prétendus défauts sont précisément des vertus. Des problèmes concernant le fond d'une affaire ne peuvent pas être décidés dans des sentences rendues sur la compétence. Si le Tribunal arbitral mixte roumano-hongrois avait agi contrairement, certainement la Roumanie lui aurait reproché le contraire, c'est-à-dire que ses sentences sur la compétence décident des problèmes appartenant au fond, alors qu'il aurait été impossible à la Roumanie de se défendre sur les questions de fond dans une procédure écrite et orale ouverte spécialement à cet effet. L'Arrêt nº 6 de la Cour permanente de Justice internationale qui, elle aussi, concerne exclusivement la compétence et qui avait précédé l'Arrêt nº 7, ne décide pas non plus les points dont l'honorable représentant de la Roumanie aurait préféré trouver la décision dans les sentences sur la compétence. Les vingt-deux sentences sur la compétence du Tribunal arbitral mixte roumano-hongrois ne s'écartent pas sous ce rapport non plus des bonnes règles du droit et des modèles les plus classiques de la juridiction internationale en la matière.

L'honorable Représentant de la Roumanie a attaché beaucoup d'importance dans ses déclarations faites devant le Conseil à sa dernière session à un accord imaginaire de Bruxelles, portant sur la question de fond ou sur n'importe quel détail de la question de fond. Ses allégations à ce sujet prennent une si importante partie de ses déclarations qu'elles forcent le Gouvernement hongrois, malgré lui, d'y répondre en quelques mots, si brièvement que ce soit. Ce prétendu accord est purement inexistant, et un démenti absolu a été déjà maintes fois opposé du côté hongrois à la propagande qui a suscité la croyance à un tel accord. Tout le mirage créé autour de cette question n'est qu'une suite d'erreurs dans lesquelles, sans conteste, beaucoup ont été induits et qui se rattachent à l'existence supposée d'un texte d'« arrangement » paraphé. A la vérité, un tel texte n'a jamais existé, il n'y en était pas même question à Bruxelles. Un échange de notes ou un autre document entre les parties a été proposé à Bruxelles par les Négociateurs hongrois, mais cette proposition fut écartée précisément par le Représentant de la Roumanie. Le « *compte-rendu* », ainsi que son seul titre l'indique clairement, n'a jamais été considéré comme un instrument entre les parties, mais un rapport d'usage interne fait par les fonctionnaires de la Société des Nations pour informer et documenter le Rapporteur, qui n'était pas présent aux entretiens sur le fond, et qui — chose encore plus importante — *n'a jamais été paraphé par personne.* Il n'était probablement même plus à Bruxelles lorsque uniquement cinq lignes d'un « projet de résolution » du Rapporteur — qui est un texte tout différent — ont été paraphées, à un endroit tout autre que celui où les pourparlers sur le fond avaient eu lieu, et à un tout autre jour, après que tous les présents étaient d'accord pour constater que l'accord n'avait pas pu être atteint entre les parties ni sur l'ensemble, ni sur aucun détail du problème fondamental et après assurances données *par tous les présents* au premier délégué de la Hongrie que son Gouvernement *pourrait revenir à un moment plus propice sur la question de fond qui restait entière.* A la vérité, dans quel autre sens aurait-on pu demander et donner le paraphe au bas de cinq lignes d'un « *projet* » « *de résolution* » « *du Conseil* » deux mois avant que fût ouverte la séance du Conseil où l'on devait discuter et voter d'abord sur le projet de résolution, avant qu'il soit obligatoire pour n'importe qui? Cette confusion entre le compte rendu non paraphé et les cinq lignes paraphées du projet de résolution ne s'est pas encore fait apercevoir à Bruxelles au moment de la séparation des Négociateurs. Elle n'a été créée que postérieurement et petit à petit, mais, malheureusement, avec un grand succès, il faut l'avouer. Chaque fois qu'il fut question des pourparlers de Bruxelles, on a ajouté quelque chose à l'échafaudage. A la dernière session du Conseil l'idée nouvelle était que le Représentant hongrois aurait renoncé aux droits garantis aux ressortissants hongrois dans le Traité de Trianon et se serait contenté de maintenir ses réclamations en vertu du droit international général. Cette idée ne faisait même pas l'objet des conversations à Bruxelles.

Mais toute cette confusion et toutes ces erreurs ne sont pas décisives, elles ne peuvent pas créer ultérieurement une base juridique qui est réellement inexistante.

Dans tout le « compte-rendu » de Bruxelles, œuvre étrangère aux Représentants hongrois et de la rédaction duquel ils devaient se désintéresser vu les circonstances dans lesquelles il est né, ils n'ont confirmé en sa forme et en son contenu que la seule déclaration écrite qu'ils y ont versée eux-mêmes, et qui ne pouvait pas être refusée parce qu'elle a formé une annexe de leurs pleins pouvoirs et dont ils ont exigé l'insertion entre guillemets et mot à mot dans tout procès-verbal quelconque qui serait dressé sur les entretiens. Cette déclaration a été mise vers le milieu du « compte-rendu », et elle a la teneur suivante :

« *Le délégué hongrois désire constater que l'on se trouvait à Bruxelles justement pour faire preuve de conciliation et pour chercher la solution de l'affaire par la voie d'un accord, où chacune des deux parties devrait aller l'une au-devant de l'autre. Il saisit cette occasion pour déclarer solennellement, au nom de son Gouvernement, qu'il est très désireux d'entrer en négociations avec le représentant de la Roumanie sur les deux points essentiels du différend, à savoir sur la limite de l'expropriation et sur la mesure de l'indemnisation applicables aux optants hongrois. Il assure le représentant roumain qu'il trouvera la meilleure volonté et l'esprit le plus conciliant chez les négociateurs hongrois qui sont munis de pleins pouvoirs pour traiter sur ces questions.* »

Comme on le voit, le Gouvernement de Hongrie avait fait à Bruxelles une offre franche, mais celle-ci fut refusée par la Roumanie. C'est la seule chose essentielle qui s'est passée à Bruxelles en ce qui concerne le fond de la question. C'était une base sur laquelle on aurait pu trouver à Bruxelles la possibilité d'une entente sérieuse. Mais quel homme pourrait vraiment croire que les Négociateurs hongrois à Bruxelles auraient renoncé à 100 % des droits des ressortissants hongrois pour la défense desquels leur Gouvernement et eux-mêmes ont entrepris tout ce qui était en leur pouvoir? Pourquoi l'auraient-ils fait? La plaisanterie de l'honorable Représentant de la Roumanie au sujet du prétendu excès de politesse du premier Négociateur du Gouvernement hongrois est d'une part extrêmement désobligeante, d'autre part comme argument elle se retourne entièrement contre l'honorable Représentant de la Roumanie lui-même.

Le Gouvernement hongrois a désavoué son premier Négociateur non pas parce qu'il craignait qu'il n'eût accepté un arrangement sur le fond. On n'allait pas, avant le désaveu, jusqu'à soutenir du côté adverse l'existence d'un tel arrangement ; on était encore trop rapproché des pourparlers de Bruxelles pour prétendre une pareille chose. *Le Gouvernement hongrois a désavoué parce qu'il ne voulait pas admettre un semblant de règlement de l'affaire sans la solution de la question fondamentale. Il le disait clairement, dans sa lettre adressée au Rapporteur* et qui contient précisément le désaveu de son premier Négociateur, qui avait participé à la rédaction prématurée d'un projet de résolution bien que celui-ci ne regardât que le Rapporteur et qu'il n'eût ni pleins pouvoirs ni instructions à cet effet. En voici les termes :

« *Le Gouvernement royal de Hongrie, à son grand regret, ne peut pas, malgré l'apposition du parafe d'un de ses représentants sous une partie du texte, adhérer au projet de résolution.*

« *Il le peut d'autant moins que le projet de résolution dont il s'agit, ne résout point le fond de la question, mais laisse le problème juridique ouvert, ainsi qu'il est constaté expressément dans le même projet de rapport.*

« *Ce projet de résolution ne donne aucune solution à l'affaire, mais impartit seulement des conseils de caractère politique, qui restent en dehors du cadre du problème.*

« *La Hongrie croit qu'il est son bon droit de s'attendre à une solution méritoire, même en base de l'article 11 du pacte qui vise la bonne entente entre les parties, car cette bonne entente ne peut être rétablie en laissant ouvert le problème, mais uniquement en tranchant le différend avec toutes garanties de justice et avec toutes les assurances qu'une solution judiciaire comporte.* »

(Il est regrettable que ce texte important n'ait pas été reproduit dans le Journal Officiel de la Société des Nations.)

Il est vrai que le désaveu du Gouvernement hongrois a manqué son effet, car le Conseil ne voulut pas — parce qu'il ne le pouvait pas — s'occuper du fond de l'affaire. *Mais il ne s'ensuit pas que n'acceptant pas le désaveu, le Conseil aurait confirmé un arrangement sur le fond qui n'a pas existé du tout.*

Si le Conseil de la Société des Nations ne s'est pas occupé dans sa séance du 5 juillet 1923 de la question de fond, parce qu'il lui manquait toute compétence à cet égard, mais seulement d'une tentative d'apaiser les esprits à l'occasion de la tension momentanée entre les deux Puissances, la situation juridique ne s'est pas changée depuis lors, sinon dans le sens qu'il serait à présent encore moins possible que la Société des Nations se mêle du fond de l'affaire, car en ce moment : *sub judice lis est.*

Les 22, respectivement environ 350 affaires sont devant l'arbitre compétent. *L'obligation qui s'impose, même au sens de l'article* 11 *du Pacte, aux deux Etats intéressés, c'est d'attendre tranquillement les décisions finales de l'arbitre. Il n'y a pas de moyen plus sûr et plus souhaitable pour assurer la paix et la bonne entente entre les Nations que l'arbitrage. Et en l'espèce nous possédons cet arbitrage. Les traités l'ont institué. Les traités veulent aussi que le Conseil de la Société des Nations assure son libre fonctionnement.*

Refuser la désignation des arbitres suppléants ou bien la subordonner à n'importe quelle condition signifierait sujétion des sentences du Tribunal arbitral mixte au contrôle de la Société des Nations et, par cela même, grave violation des Traités.

Le Conseil de la Société des Nations ne serait même pas en état, même s'il en avait le droit, d'exercer un examen satisfaisant des sentences des Tribunaux arbitraux mixtes. Il lui faudrait à cet effet posséder les dossiers complets de toutes les affaires pour voir exactement de quoi il s'agit dans chacun des cas. Il devrait procéder à l'examen de ces dossiers d'après un règlement de procédure bien établi et avoir le temps et l'organisation nécessaires pour entreprendre un tel travail spécial, long et minutieux. Des discours des représentants des Puissances intéressées, si amples qu'ils soient, ne peuvent servir tout de même de base à la revision de sentences rendues dans des conditions d'examen bien plus parfaites.

Le soussigné, délégué du Gouvernement hongrois, n'oserait pas même entreprendre de plaider tous ces dossiers devant le Conseil, alors que l'examen des mêmes dossiers devant le Tribunal arbitral mixte a eu lieu avec le concours des plus grands spécialistes dans la matière, d'abord pendant des mois en procédure écrite régulière, ensuite pendant plus d'une semaine entière en débat oral — et encore seulement sur la compétence. Où en sommes-nous encore de l'examen minutieux du fond de chaque cas individuel pour pouvoir dire qu'il y avait eu oui ou non des liquidations? Qui oserait prétendre d'en pouvoir juger d'ores et déjà, voire en appel et avec le résultat éventuel de priver les requérants de leur juge garanti par le Traité?

Le délégué soussigné se permet seulement d'attirer très respectueusement l'attention du Conseil sur le fait que certaines assertions de l'honorable Représentant de la Roumanie ont réussi plutôt à donner une caricature des procès intentés par les ressortissants hongrois devant le Tribunal arbitral mixte que la juste image de ces procès.

Ainsi, par exemple, ces procès ne s'attaquent pas à la totalité de la réforme agraire de la Roumanie et loin de causer sa ruine, ils ne mettent même pas en danger sa réforme agraire, même au cas de leur réussite complète qui est encore douteuse. Ces procès ne s'attachent qu'à telles ou telles parties des mesures prises dans les cas concrets que le Tribunal arbitral mixte *devrait* qualifier comme « saisie » ou « liquidation », à savoir aux parties qui sont contraires aux Traités. A qui voudriez-vous confier le travail délicat de reconnaître les véritables liquidations entre des faits si compliqués de déguisement, sinon au Tribunal arbitral mixte qui est le plus spécialisé pour un tel travail et le mieux organisé à cet effet et que le Traité a choisi à très juste titre pour cette tâche?

La Hongrie a réalisé elle-même après la guerre une réforme agraire très radicale, mais, tout en le faisant, elle a su éviter les collisions avec le droit international général et avec les obligations à elle imposées par les articles 232 et 233 du Traité de Trianon, bien que ces obligations soient plus lourdes que celles imposées à la Roumanie par l'article 250 dans la même matière, et bien que la dépréciation de sa monnaie ait été plus terrible que celle de la monnaie roumaine. Quelques
Annexes C. documents ci-annexés démontrent que la Hongrie a réussi à éviter les violations du droit international en procédant à sa réforme agraire. La preuve en est également que bien qu'elle, aussi, ait été menacée maintes fois de procès devant les Tribunaux arbitraux mixtes de la part des ressortissants des Etats successeurs en vertu des articles 232 et 233 du Traité de Trianon en raison de dispositions prises à l'égard de leurs biens par voie de sa réforme agraire, aucun de ces procès n'a été intenté contre elle, car elle a veillé à ce que satisfaction soit donnée aux justes réclamations soulevées au nom du droit international. Pourquoi la Roumanie n'aurait-elle pas pu arriver, comme la Hongrie, à rendre conforme l'exécution de sa réforme agraire, dans les détails, à ses obligations internationales?

Ce n'est non plus qu'une caricature de prétendre que la thèse soutenue par les mandataires des ressortissants hongrois — qui étaient, ainsi qu'il a été déjà dit, les plus grandes célébrités de la France dans le domaine du droit international — aurait été en essence : « qu'un État pouvait liquider les biens des ex-ennemis *de bonne foi* ». La vérité est qu'ils ont soutenu que les traités n'exigent pas à cet égard l'examen de la bonne ou de la mauvaise foi des Etats, mais seulement l'examen des résultats, et que par conséquent ils ne pouvaient pas être poussés par l'adversaire à produire une allégation et à fournir une preuve que le Traité ne leur impose pas de faire, mais si, au lieu de l'adversaire, le Tribunal exigeait d'eux cette preuve, ils pourraient les fournir. Évidemment, c'est toute autre chose.

C'est également loin de la réalité de prétendre que tous les 350 procès viseraient des privilèges et ne tiendraient aucun compte des traitements différentiels. Tant s'en faut. Tous les requérants prétendent avoir été traités différentiellement ; ils objectaient seulement *au cours de l'incident de compétence* que le traitement différentiel n'étant pas un élément exclusif des « saisies » et des « liquidations », ils n'étaient pas tenus à prouver la différentialité *a limine litis*. Le traitement des Hongrois par la réforme agraire de la Roumanie est, à la vérité, à titre multiple différentiel. Non seulement la loi de la réforme agraire pour la Transylvanie est deux fois plus radicale que celle qui est en vigueur dans l'ancien territoire, mais la situation agraire elle-même ayant été en Transylvanie d'à peu près 80-100 ans plus avancée que dans l'ancien territoire, même une loi de réforme agraire complètement égale aurait été inutilement de beaucoup plus cruelle en Transylvanie que dans l'ancien territoire. Ensuite, dans la loi pour la Transylvanie on a inséré à différents endroits des dispositions spéciales qui ont quelquefois très peu de chose à faire avec une véritable réforme agraire et qui ne visent, en fait, que la liquidation des ressortissants hongrois, quelquefois même seulement une catégorie plus spéciale de ressortissants hongrois : les optants. En 1923 une partie de ces dispositions légales différentielles en leur effet à l'égard des optants hongrois a été même aggravée par trois règlements ministériels de caractère plutôt secret et changeant même la loi par un semblant d'interprétation. D'autres règlements et instructions ajoutent de toutes nouvelles sources de traitements différentiels à celles existant déjà dans la loi. Enfin l'application de toutes ces dispositions par les organes exécutifs est à tel point différentielle au détriment des ressortissants hongrois qu'en fin de compte *on a pris presque à la totalité des propriétaires ressortissants hongrois à un titre quelconque leur propriété, qu'elle fût petite, moyenne ou grande, entièrement, «par voie de réforme agraire», sans indemnité aucune. On ne saurait prétendre que l'on aurait procédé de la même manière à l'égard de la totalité des ressortissants roumains.* Le traitement différentiel saute aux yeux, le Tribunal arbitral mixte a réservé son examen sur ce point, en bonne règle, à la procédure sur le fond. Laissons le achever tranquillement son œuvre, c'est un haut organe de la justice internationale à horizon très éclairé et à qui toute confiance est due : il saura tenir compte de toutes les considérations.

L'honorable Représentant de la Roumanie a trouvé nécessaire de critiquer dans son discours l'attitude des Négociateurs hongrois à Bruxelles qui ne lui disaient pas alors, au nom de leur Gouvernement : « Si vous appliquez la loi agraire aux Hongrois autrement qu'aux Roumains, j'enverrai mes ressortissants plaider à Paris ». En effet, les Négociateurs hongrois n'avaient pas besoin d'user de telles menaces à Bruxelles. L'honorable Représentant de la Roumanie savait très bien que l'on était précisément à Bruxelles parce que son Gouvernement a refusé auparavant d'accepter les démarches diplomatiques faites par le Gouvernement hongrois « *à plusieurs reprises* » en vue de l'exécution des «*articles* 63 *et* 250 *du Traité de Trianon*», ainsi qu'il a été reconnu expressément dans la note du 28 février 1923 du Gouvernement roumain lui-même, adressée au Ministre plénipotentiaire de Hongrie à Bucarest. Copie imprimée de cette note se trouvait incluse comme Annexe nº 3 à chaque exemplaire de la Requête hongroise du 15 mars 1923, adressée à la Société des Nations. Elle se trouvait donc à Bruxelles durant toute la négociation, comme la Requête elle-même, entre les mains mêmes de l'honorable Représentant de la Roumanie. Il n'était pas nécessaire d'attirer spécialement son attention sur cette note. Copie de cette note est communiquée encore ci-annexée. Le Gouvernement roumain **Annexe D.** savait très bien que les ressortissants hongrois étaient décidés à s'adresser au Tribunal arbitral mixte et que la tentative du Gouvernement hongrois faite devant la Société des Nations en 1923 ne tendait qu'à trouver un moyen de régler les affaires, avant les faits accomplis, plus vite que le Tribunal arbitral mixte ne pourrait le faire, mais une fois cette tentative échouée, les procès devant le Tribunal arbitral mixte étaient inévitables. Le Gouvernement roumain le savait si bien qu'il a tâché, alors, d'empêcher le fonctionnement de ce Tribunal, en créant des difficultés autour de l'élection de son président. De sorte qu'une année plus tard, en 1924, le Gouvernement hongrois devait s'adresser de nouveau à la Société des Nations, cette fois pour faire assurer la marche régulière du Tribunal, en lui demandant de nommer un président.

Il ne serait pas possible non plus de répondre devant le Conseil de la Société des Nations, aussi minutieusement qu'une procédure en appel l'exigerait, à l'allégation, à la vérité, très vague de l'honorable Représentant de la Roumanie d'après laquelle le traitement des ressortissants hongrois au cours de la réforme agraire aurait été le même que de tous les étrangers en Roumanie. La conclusion tirée de cette allégation par l'honorable Représentant de la Roumanie, c'est que les ressortissants hongrois devraient se contenter de la situation de ces autres étrangers. Très sommairement on doit y répondre tout d'abord qu'il n'y avait pas du tout de propriétaires fonciers étrangers en Roumanie proprement dite, à savoir dans l'ancien territoire. Car déjà la Constitution de 1866 défendait aux étrangers d'acquérir des propriétés rurales. Les quelques rares étrangers propriétaires de biens ruraux étaient des femmes roumaines mariées à des étrangers et éventuellement leurs héritiers. Encore cette rare catégorie de propriétaires ruraux étrangers était toujours menacée d'être expropriée en vertu de la Constitution, sans aucune réforme agraire. La majorité de cette catégorie de propriétaires étaient en même temps de véritables absentéistes qui vivaient continuellement à l'étranger et payaient le double impôt des absents. Il s'entend que cette catégorie de biens devait s'attendre à un traitement particulièrement grave à l'occasion d'une réforme exagérée. Dans ces circonstances, il est, en même temps, très compréhensible que les Puissances qui sont les nouvelles patries de ces anciennes Roumaines et de leurs descendants, ne se considèrent pas très engagées à faire des démarches énergiques dans leur intérêt au pays auquel ils appartenaient auparavant de droit et appartiennent peut-être encore de cœur, et que la Roumanie aurait été autorisée d'exproprier même sans la loi de réforme agraire en vertu de sa Constitution. Le traitement de cette catégorie spéciale d'étrangers ne saurait servir de modèle pour les ressortissants hongrois, établis depuis 1.000 ans comme propriétaires chez eux et, à la vérité, non absents de leur patrie. Outre ces pseudo-étrangers, il n'existe pas en Roumanie une deuxième catégorie d'étrangers en dehors des Anglais, Français, Italiens, Russes et Polonais en Bessarabie où la possession des terres rurales n'était pas interdite aux étrangers. Ce groupe d'étrangers est de beaucoup plus nombreux que le premier. Mais cette catégorie ne peut pas non plus être rapprochée tout à fait des ressortissants hongrois qui sont les ressortissants d'un État cédant ayant des intérêts sur un territoire cédé par leur propre État à propos d'une vaste annexion. On sait que « les droits acquis » de telles catégories d'étrangers, comme les ressortissants hongrois en Transylvanie, jouissent déjà en vertu des règles du droit international général d'une protection encore plus spéciale. Les Traités n'ont que garanti expressément en leur faveur presque la même protection spéciale qui leur reviendrait aussi autrement, c'est-à-dire en vertu du droit international général. Mais même si l'on devait s'en tenir au groupe d'étrangers des Bessarabiens, ce groupe n'est pas dépourvu non plus d'une position toute spéciale à l'égard des Roumains. Car ainsi qu'il
Annexe E. ressort aussi du procès-verbal ci-annexé d'une séance du Parlement roumain, ces propriétaires sont dédommagés des terres expropriées d'après des règles spéciales qui leur assurent une indemnisation plus adéquate qu'aux ressortissants roumains, une indemnité en or presque complète. Pourquoi serait-il impossible pour les ressortissants hongrois

de jouir également de la protection spéciale que leur situation spéciale engendre en vertu et du droit international général et du Traité? Il ressort en même temps très clairement de cette annexe que la Roumanie a dépensé plus d'un million de livres sterling pour satisfaire aux droits spéciaux des étrangers en Bessarabie, sans se précipiter en ruine. Nous savons qu'elle en dépensera encore davantage dans le même but vu les nouveaux engagements qu'elle a contractés tout récemment en faveur de ces mêmes propriétaires étrangers en Bessarabie. Elle ne se ruinera pas par ces nouveaux engagements non plus. Vu que les forêts, les vignobles, les maisons en ville etc., de même qu'un pourcentage très considérable même des terres arables enlevées aux 350 ressortissants hongrois ne sont pas encore distribués aux prétendus ayants-droit et que par conséquent *environ* la moitié des terrains revendiqués par eux leur pourrait et devrait être restituée en nature, on pourrait faire droit aux exigences pécuniaires de tous les requérants hongrois en question avec *environ* 7 millions de livres sterling. Une telle somme ne surpasse pas, comme l'honorable Représentant de la Roumanie l'a prétendu, la somme globale du budget annuel de la Roumanie, mais elle en reste bien loin. Encore ne faudrait-il pas compter la somme globale, mais seulement ses annuités d'amortissement pendant un laps de temps raisonnable. De telles annuités seraient vraiment à peine perceptibles pour un Etat comme la Roumanie. La somme globale elle-même équivaut comparativement à la valeur des biens meubles que la Roumanie a emportée comme butin du territoire de la Hongrie actuelle en 1919, à l'occasion d'une occupation non-autorisée par les Grandes Puissances, et à la restitution de laquelle la Hongrie devait renoncer pour obtenir la signature, de la part de la Roumanie, du protocole permettant la reconstruction financière de la Hongrie, il n'y a pas si longtemps. La petite Hongrie estropiée a fait ce sacrifice pour se sauver ; et elle n'a pas péri sous le poids d'une telle charge. Est-ce qu'il est à croire que la grande Roumanie serait écrasée par le payement d'une somme comparativement pareille? Mais toute cette question de restitution et de payement appartient encore à l'avenir. Il faut d'abord gagner les procès sur le fond. Aussi ces calculs sont-ils faits, en supposant que tous les procès pourraient être gagnés à 100 %, ce qui n'est guère probable.

L'honorable Représentant du Gouvernement roumain a voulu présenter la réforme agraire inaugurée en Transylvanie comme le moyen de sauver cette province du bolchevisme et les procès des ressortissants hongrois comme un moyen susceptible d'entraver la Roumanie dans son œuvre de sauvetage. D'abord, comme il a été déjà dit, ce n'est pas contre la réforme agraire que les procès des ressortissants hongrois sont dirigés, mais contre quelques cas de liquidation qui se cachent sous le prétexte de la réforme agraire, de sorte que tout l'argument est déjà de ce chef inconcluant. Ensuite, les expropriations exagérées et différentielles appliquées à l'égard des ressortissants hongrois ont eu lieu surtout en 1923, tandis que le danger bolchevique venant de l'Orient est considéré en Europe comme écarté dès 1920, à la suite de la bataille de Varsovie. Enfin, Kerensky lui-même, qui a inauguré la politique de défense contre le bolchevisme par la création de petits paysans propriétaires, tout aussi bien que tous ses imitateurs dans ce domaine, devaient se rendre compte depuis longtemps que la méthode homéopathique n'est pas la plus efficace contre le bolchevisme ; au contraire. Inutile de perdre plus de paroles à la réfutation de cet argument de l'honorable Représentant de la Roumanie.

La présentation, par l'honorable Représentant de la Roumanie, du défaut de payement pour les terres expropriées comme une pure suite de l'inflation dont la Roumanie souffre, est plus que surprenante, puisque en 1921 déjà, quand la loi de réforme agraire pour la Transylvanie fut votée, le leu ne valait plus que tout au plus 15 %, respectivement 8 % de sa valeur de jadis ; le gros de *l'inflation est un fait non pas postérieur, mais antérieur à la réforme agraire en Transylvanie.* Et aussi par la suite, même quand la loi a été déjà votée, un État soucieux de ses obligations financières aurait dû en arrêter l'exécution, aussitôt qu'il a vu que la réforme est trop coûteuse et dépasse ses moyens financiers. La Hongrie traversant elle-même les mêmes expériences, n'a pas manqué d'attirer, à temps, l'attention de la Roumanie dans ses démarches diplomatiques sur la voie dangereuse dans laquelle elle s'est engagée, vu ses obligations internationales. Mais le but de dénationalisation a absorbé en Transylvanie toute l'attention et tous les efforts de la Roumanie.

L'honorable Représentant de la Roumanie en a appelé à plusieurs reprises à la grande politique internationale en dépit des sains arguments juridiques. Mais on doit se demander quelle est la Puissance civilisée en Europe et outre-mer qui aurait un véritable intérêt politique à ce qu'il soit permis à la Roumanie de créer, avec l'aide et l'assistance de la Société des Nations, le précédent doublement funeste du renversement d'une justice arbitrale internationale et de la violation approuvée du principe du respect de la propriété privée des étrangers, universellement reconnu et continuellement invoqué, de nos jours mêmes, en droit international?

(S) L. GAJZÁGÓ,
Délégué de Hongrie.

Londres, le 24 mai 1927.

Monsieur le Secrétaire Général,

Comme suite à ma requête du 21 mai a. c. j'ai l'honneur de porter à la connaissance du Conseil de la Société des Nations que d'après les informations précises que je viens de recevoir de mon Gouvernement, la valeur globale des biens mobiliers que la Roumanie a réquisitionnés et emportés des territoires de la Hongrie actuelle à l'occasion d'une occupation non autorisée de ces territoires en 1919-1920, montent selon les relevés officiels déposés à la Commission des réparations à deux milliards huit cents millions couronnes or austro-hongroises, à savoir à plus de cent dix millions de livres sterling. Cette somme a été, par conséquent, comparativement non pas égale à la somme qui suffirait pour faire face aux exigences pécuniaires des requérants hongrois préjudiciés par des liquidations effectuées par voie de réforme agraire en Transylvanie, ainsi qu'il est mentionné dans ma susdite requête, mais elle est dix-sept fois plus. Je vous ai déclaré que la Roumanie a exigé de la Hongrie de renoncer aux dommages et intérêts dûs à ses ressortissants du chef de ces réquisitions avant de donner sa signature au protocole qui rendit possible la reconstruction financière de la Hongrie. La petite Hongrie n'a pas péri à la suite de la perte totale de ces valeurs dix-sept fois plus élevées. Il est, par conséquent, très exagéré de prétendre que la grande Roumanie ne pourrait supporter le payement d'une somme dix-sept fois moindre. D'autre part, le Gouvernement hongrois ne saurait être en état de faire de nouvelles renonciations en faveur de la Roumanie, en altérant le sens de l'article 250 Trianon, de quelle manière que ce soit, et faisant par là sacrifice encore d'une partie importante des biens de ses ressortissants, se trouvant en immeubles sur les territoires détachés. Il serait d'autant plus impossible à la Hongrie de renoncer à ces éléments de sa fortune nationale qu'une telle renonciation pourrait signifier pour elle une perte double vu que les ressortissants hongrois ne manqueraient pas d'exiger dommages et intérêts au fisc hongrois en raison du sacrifice fait par le Gouvernement hongrois de leurs droits garantis par plusieurs clauses du Traité de Trianon, de même que par plusieurs principes du droit international général. Encore ne faut-il pas oublier que le Gouvernement hongrois a obtenu de l'Assemblée nationale de la Hongrie la ratification du Traité qui lui avait demandé le sacrifice de deux tiers de ses territoires et deux tiers de sa population, en invoquant précisément les dispositions du Traité qui garantissent les intérêts matériels et moraux hongrois sur les territoires ainsi détachés, dont une des plus importantes est l'article 250, la seule peut-être que les Délégations de paix autrichienne et hongroise ont pu obtenir en amendement du projet

Son Excellence
Sir Eric Drummond,
Secrétaire Général de
la Société des Nations,
Genève.

des Traités, vu le grand danger auxquels ces intérêts étaient exposés sous les yeux mêmes de la Conférence de Paix.

Vu que la Roumanie met en question les droits des ressortissants hongrois, il est en tout premier lieu d'une nécessité élémentaire de permettre à l'instance judiciaire compétente, instituée pour telles contestations par le Traité, de finir librement son examen des litiges et établir si oui ou non et si oui dans quels cas individuels et jusqu'à quelle étendue ces droits existent.

Veuillez agréer, Monsieur le Secrétaire Général, les assurances de ma plus haute considération.

L. GAJZÁGÓ
Délégué de Hongrie.

ANNEXE A. 1.

SOCIÉTÉ DES NATIONS
Journal Officiel
IVe Année, No 3 Mars 1923.

PROCÈS-VERBAUX
de la
Vingt-troisième session du Conseil
tenue à Paris
du lundi 29 janvier au samedi 3 février 1923

Les Membres du Conseil de la Société des Nations étaient représentés comme suit :

France	M. RENÉ VIVIANI (Président);
Belgique	M. PAUL HYMANS;
Brésil	M. DOMICIO DA GAMA;
Chine	M. TANG TSAI-FOU;
Empire britannique ..	Lord BALFOUR;
Espagne	M. QUIÑONES DE LÉON;
Italie	M. SALANDRA;
Japon	M. MINÉOTCIRÔ ADATCI;
Suède	M. HJALMAR BRANTING;
Uruguay	M. JUAN CARLOS BLANCO.

Secrétaire général : Sir ERIC DRUMMOND.

Page 242.

878. Nomination de Membres suppléants aux Tribunaux franco-allemand, franco-autrichien, franco-hongrois et franco-bulgare.

M. Blanco lit un rapport (Annexe 476).

Ont été nommés membres suppléants :

Pour le Tribunal franco-allemand :

M. CEDERCRANTZ, Magistrat suédois.
(Membre espagnol).
Dr. LIMBURG, J., Bâtonnier de l'ordre des Avocats à la Haye.
M. ALVAREZ, (Chilien), Membre de la Cour permanente d'Arbitrage à La Haye.
M. NYHOLM, (Danois), Membre de la Cour permanente de La Haye.
M. GUEX, (Suisse), Docteur en droit, ancien Secrétaire général du T. A. M. F. A.
M. BREDAL, Ancien Ministre de la Justice, Christiania.
(Membre argentin).

Pour le Tribunal franco-autrichien :

M. Beichman, (Norvégien), Président de la Cour d'appel à Trondhjem.
M. Egger, Professeur, Zurich.

Pour le Tribunal franco-hongrois :

M. Simon Plama Suarez, Ministre plénipotentiaire du Venezuela à Lisbonne.
M. Thorbecke, J.-R., Avoué près la Cour de Cassation à La Haye.

Pour le Tribunal franco-bulgare :

M. Duplan, Avocat-Conseil de la Légation de Suisse à Paris.
Dr. Luc Housse, Bourgmestre de Luxembourg.

M. Quiñones de Léon informe le Conseil que le nom du membre espagnol du Tribunal franco-allemand sera communiqué sous peu au Secrétariat.

Il est décidé que la nomination des membres espagnol et argentin du Tribunal franco-allemand sera approuvée par Lord Balfour, qui sera le prochain président du Conseil.

. . . .

Page 399.

ANNEXE 476 C. 128. 1923.

Désignation des Membres suppléants aux Tribunaux franco-allemand, franco-autrichien, franco-hongrois et franco-bulgare.

Rapport de M. Blanco, soumis au Conseil le 3 février 1923.

Ainsi qu'il est porté à notre connaissacne par le Président du Conseil de la République française (Document C. 101. 1923*)*, les présidents des tribunaux arbitraux mixtes où la France est représentée ont rappelé une prescription du Traité de Versailles et des autres Traités de Paix, *dont il importe d'assurer l'application, différée jusqu'à ce jour.* Il s'agit d'une prescription contenue dans l'article 304 du Traité de Versailles et des articles analogues des autres Traités de Paix, qui traitent des tribunaux arbitraux mixtes, institués notamment pour juger les différends mentionnés dans les sections III (dettes), IV (biens, droits et intérêts), V (contrats, prescriptions, jugements), et VII (propriété industrielle).

L'article 304, *a*, du Traité de Versailles, qui est reproduit *mutatis mutandis* dans les Traités de Saint-Germain, Neuilly et Trianon, dispose que :

« 1° Un tribunal arbitral mixte sera constitué entre chacune des Puissances alliées et associées d'une part et l'Allemagne d'autre part. Chacun de ces tribunaux sera composé de trois membres, chacun des Gouvernements intéressés devant en désigner un. Ce président sera choisi à la suite d'un accord entre les deux Gouvernements intéressés.

« 2° Au cas où cet accord ne pourrait intervenir, le Conseil de la Société des Nations (1) choisit, parmi les ressortissants des Puissances

(1) Jusqu'à la constitution de la Société des Nations, ce choix avait été attribué à M. Gustave Ador.

restées neutres au cours de la guerre, le président du Tribunal arbitral mixte et deux autres personnes susceptibles, l'une et l'autre, en cas de besoin, de le remplacer.

« 3° Si un Gouvernement ne pourvoit pas, dans un délai d'un mois, à la désignation de l'arbitre national, en cas de vacance, ce membre est choisi par le Gouvernement adverse parmi les deux personnes mentionnées ci-dessus autres que le président. »

Mes collègues se rendront compte que cet article prévoit certaines désignations à faire par notre Conseil. *Pour le choix des présidents des Tribunaux arbitraux mixtes, on n'a pas eu besoin de recourir à l'intervention de la Société des Nations. Il reste toutefois à pourvoir au choix des suppléants prévus par les Traités. Il appartient au Conseil de dresser les listes des personnes, parmi lesquelles ce choix devrait éventuellement se faire.*

J'estime en conséquence qu'il y a lieu de procéder aux désignations prescrites de juristes appartenant à des Puissances qui sont restées neutres au cours de la guerre. Je me permets de vous rappeler qu'il s'agit donc de dresser une liste contenant huit noms pour le tribunal franco-allemand, qui comprend quatre sections, et des listes contenant deux noms pour chacun des Tribunaux franco-autrichien, franco-hongrois et franco-bulgare.

ANNEXE A. 2.

SOCIÉTÉ DES NATIONS
Journal Officiel
IV Année. N° 6. Juin 1923.

PROCÈS-VERBAUX
de la
Vingt-quatrième session du Conseil
tenue à Genève
du mardi 17 avril au lundi 23 avril 1923.

Les Membres du Conseil de la Société des Nations étaient représentés comme suit :

Empire britannique ..	L'Honourable EDOUARD WOOD (Président) ;
Belgique	M. PAUL HYMANS ;
Brésil	M. DOMICIO DA GAMA ;
Chine	M. TANG TSAI-FOU ;
Espagne	M. QUIÑONES DE LÉON ;
France	M. GABRIEL HANOTAUX et M. JEAN GOUT ;
Italie	M. SALANDRA et M. GARBASSO ;
Japon	M. MINÉITCIRÔ ADATCI ;
Suède	M. HJALMAR BRANTING et M.UNDÉN ;
Uruguay	M. GUANI.

Secrétaire général : Sir ERIC DRUMMOND.

Page 555.

891. Désignation de Juges suppléants pour les Tribunaux belgo-autrichien, belgo-hongrois et belgo-bulgare.

M. Guani présente un rapport (Annexe 482) attirant l'attention sur la nécessité de nommer des présidents des Tribunaux ci-dessus, conformément à l'article 304 du Traité de Versailles et aux articles correspondants des Traités de Saint-Germain, Neuilly et Trianon.

Le Conseil adopte le rapport et décide de discuter ces nominations en séance privée.

Page 599.

954. Nomination de Juges suppléants aux Tribunaux mixtes belgo-allemand, belgo-autrichien, belgo-hongrois et belgo-bulgare.

M. Guani propose les noms suivants, qui sont acceptés par le Conseil :

I. Tribunal arbitral mixte belgo-allemand.

1. Comte MORNER, juge à la Cour d'appel de Stockholm (de nationalité suédoise).
2. M. DOMINGO DE LAS BARCENAS, avocat au barreau de Madrid, ancien arbitre de la Commission arbitrale pour les litiges miniers au Maroc (de nationalité espagnole).

II. *Tribunal arbitral mixte austro-belge.*

1. Dr. ERLAND TYBJAERG, juge à la Cour suprême de Danemark, proposé pour la Cour permanente de Justice internationale (de nationalité danoise).
2. Dr. K. JANSMA, avocat près la Cour d'appel d'Amsterdam (de nationalité hollandaise).

III. *Tribunal arbitral mixte belgo-hongrois.*

1. Dr. FRANZ DAHL, professeur d'université, ancien secrétaire du Conseil d'Etat (de nationalité danoise).
2. M. LARRETA, ancien ministre des Affaires étrangères, Buenos-Ayres (de nationalité argentine).

IV. *Tribunal arbitral mixte belgo-bulgare.*

1. M. NYHOLM, juge à la Cour permanente de Justice internationale et membre de la Cour permanente d'arbitrage à La Haye (de nationalité danoise).
2. M. ALVAREZ, membre de la Cour permanente d'arbitrage à La Haye (de nationalité chilienne).

. . . .

Page 629.

ANNEXE 482 C. 284. 1923. V.

Désignation de Juges suppléants pour les Tribunaux belgo-allemand, belgo-autrichien, belgo-hongrois, belgo-bulgare.

Rapport de M. Guani, adopté par le Conseil le 17 avril 1923.

Le Ministre des Affaires étrangères de Belgique a prié le président du Conseil, par une lettre, en date du 28 février dernier, qui a été communiquée aux Etats Membres (1), de bien vouloir, à la prochaine réunion du Conseil, désigner pour chacun des tribunaux arbitraux mixtes belgo-allemand, belgo-autrichien, belgo-bulgare et belgo-hongrois, deux personnes ressortissantes de Puissances restées neutres au cours de la guerre, parmi lesquelles éventuellement il pourrait être procédé à la désignation de juges pour ces tribunaux.

Cette demande est basée sur l'article 304 du Traité de Versailles, auquel correspondent des articles analogues dans les traités de Saint-Germain, Neuilly et Trianon, *dont il importe d'assurer l'application, différée jusqu'à ce jour.* Ces articles traitent des tribunaux mixtes, insti-

(1) Cf. Document C. 197. 1923. V.

tués notamment pour juger les différends mentionnés dans les Sections III (Dettes), IV (Biens, Droits et Intérêts), V (Contrats, Prescriptions, Jugements) et VII (Propriété industrielle) de la partie X de ces traités.

L'article 304 litt. a) du Traité de Versailles qui est reproduit *mutatis mutandis* dans les Traités de Saint-Germain, Neuilly et Trianon, dispose :

« 1° Qu'un Tribunal arbitral mixte, constitué entre chacune des Puissances alliées et associées, d'une part, et l'Allemagne, d'autre part, est composé de trois membres, chacun des Gouvernements intéressés devant en désigner un et se mettre d'accord sur le choix du président.

« 2° Au cas où cet accord ne pourrait intervenir, le Conseil de la Société des Nations (1) choisit, parmi les ressortissants des Puissances restées neutres au cours de la guerre, le président du Tribunal arbitral mixte et deux autres personnes susceptibles l'une et l'autre, en cas de besoin, de le remplacer.

« 3° Si un Gouvernement ne pourvoit pas, dans un délai d'un mois, à la désignation de l'arbitre national, en cas de vacance, ce membre est choisi par le Gouvernement adverse parmi les deux personnes mentionnées ci-dessus, autres que le président. »

Cet article prévoit donc certaines désignations à faire par le Conseil.

Pour le choix des présidents des Tribunaux arbitraux mixtes, on n'a pas eu besoin de recourir à l'intervention de la Société des Nations. Il reste toutefois à pourvoir au choix des suppléants prévus par les Traités. Il appartient au Conseil de dresser les listes des personnes parmi lesquelles ce choix devrait éventuellement se faire.

J'estime en conséquence qu'il y a lieu de procéder aux désignations prescrites de juristes appartenant à des Puissances qui sont restées neutres au cours de la guerre.

Je me permets de vous rappeler qu'il s'agit donc de dresser des listes contenant deux noms pour chacun des Tribunaux belgo-allemand, belgo-autrichien, belgo-hongrois et belgo-bulgare.

---

(1) Jusqu'à la constitution du Conseil de la Société des Nations, ce choix avait été attribué à M. Gustave Ador.

ANNEXE A. 3.

SOCIÉTÉ DES NATIONS

C. 101. 1923.
29 janvier 1923.

Désignation de Juges suppléants aux Tribunaux franco-allemand, franco-autrichien, franco-hongrois et franco-bulgare.

Paris, le 28 janvier 1923.

Monsieur le Président,

J'ai l'honneur de porter à votre connaissance que MM. les Présidents des divers Tribunaux arbitraux mixtes où la France est représentée ont rappelé une importante prescription de l'article 304 du Traité de Versailles et des articles analogues des Traités de Saint-Germain, Trianon et Neuilly, dont il convient d'assurer l'exécution.

Aux termes de ces articles, il appartient au Conseil de la Société des Nations de choisir pour chaque Tribunal arbitral mixte ou pour chaque Section autonome deux personnes susceptibles, en cas de besoin, de remplacer le Président ou, le cas échéant, un Arbitre national.

Messieurs les Présidents des Tribunaux arbitraux mixtes ayant constaté l'omission de cette désignation, j'ai l'honneur de prier le Conseil de la Société des Nations de bien vouloir établir pour les quatre sections autonomes du Tribunal franco-allemand et pour les Tribunaux franco-autrichien, franco-hongrois et franco-bulgare, une liste de quatorze personnalités appartenant à des puissances restées neutres au cours de la guerre.

Veuillez agréer, Monsieur le Président, les assurances de ma très haute considération.

Signé : POINCARÉ.

ANNEXE B. 1.

Paris, le 25 février 1927.

Monsieur l'Agent général,

J'ai l'honneur de vous faire parvenir ci-joint copie d'une lettre que m'a adressée, au nom du Gouvernement roumain, M. Alexandre Millerand, en date du 24 février 1927, relativement aux affaires agraires.

Veuillez agréer etc.

Signé : CEDERCRANTZ.

ANNEXE B. 2.

Paris, le 24 février 1927.

Monsieur le Président,

Le 15 décembre 1926, j'ai eu l'honneur d'exposer devant le Tribunal arbitral mixte roumano-hongrois les raisons pour lesquelles les demandes des ressortissants hongrois (optants ou non-optants) tendant à faire considérer comme des mesures de liquidation interdite par l'article 250 du Traité de Trianon les mesures prises en vertu de la réforme agraire que la Roumanie, pour le plus grand honneur de son roi, de ses hommes d'État et de ses classes dirigeantes, a réalisée, il y a quelques années, constituaient une simple opération politique qui n'avait de judiciaire que le masque.

Je me suis empressé d'ajouter que seule la déférence pour la justice internationale nous amenait devant le Tribunal arbitral mixte pour lui donner ces explications, mais que nous nous refuserions en toute hypothèse à plaider le fond et que, le procès n'étant ici qu'une simple apparence, je réservais de la manière la plus formelle au nom du Gouvernement roumain le droit de prendre, selon l'événement, telle décision ou telle attitude qu'il jugerait utiles.

L'arrêt du Tribunal arbitral mixte rendu le 10 janvier à la majorité n'a que trop prouvé combien ces réserves étaient nécessaires.

Le Tribunal, à la majorité, affirme en effet qu'il lui suffit, pour se déclarer compétent, de constater qu'il se trouve en présence d'une dépossession d'un bien hongrois opérée contre la volonté de son propriétaire ; que le fait que les mesures qu'on lui dénonce ont été prises en vertu de la loi sur la réforme agraire et qu'elles ne sont pas différentielles, n'intéresse pas la compétence et doit être réservé à l'examen du fond.

Appelé à juger s'il est ou non compétent, le Tribunal à la majorité refuse de se prononcer sur les questions qui constituent les différences caractéristiques entre la liquidation pour laquelle il est compétent et l'expropriation pour laquelle il est incompétent.

Il appelle à la barre le Gouvernement roumain pour qu'y soit soumise à la discussion une loi nationale qui a été reconnue par le Gouvernement hongrois comme compatible avec le Traité de Trianon dans un accord fait sous les auspices de la Société des Nations et qui est à la base de la résolution du Conseil de la S. D. N. en date du 5 juillet 1923, loi nationale dont la compétence échappe, par sa nature même, à toute juridiction autre que les juridictions roumaines : la législation agraire, née de longues luttes et d'un compromis des intérêts de classes, appliquée depuis de longues années déjà et dont les résultats ne sauraient être sous aucune forme remis en question, sans danger pour la paix sociale roumaine et pour la paix européenne elle-même.

Vous ne serez pas surpris, Monsieur le Président, que, pour tous les motifs que j'ai eu l'honneur d'exposer devant le T. A. M., ainsi que pour tous ceux développés par mes collègues, le Gouvernement roumain, fidèle au Traité de Trianon et conscient de ses droits comme de ses devoirs, ne défère pas à une telle injonction.

J'ai l'honneur de vous informer que j'ai été chargé par le Gouvernement roumain de porter à votre connaissance qu'il s'abstiendra de déposer aucune réponse au fond et que, en conséquence, son arbitre au Tribunal arbitral mixte roumano-hongrois ne siègera plus dans aucune des affaires agraires introduites par les ressortissants hongrois.

Agréez, je vous prie, l'assurance de mon respect.

Signé : A. MILLERAND,
Avocat à la Cour.

ANNEXE B. 3.

Londres, le 21 mai 1927.

Monsieur le Ministre,

Les 22 sentences rendues le 10 janvier a. c. dans les affaires dites agraires ont imparti à l'État roumain défendeur un délai de deux mois pour déposer ses réponses sur le fond. Ce délai s'étant écoulé sans que les réponses en question fussent déposées, les requérants voudraient user de leur droit de demander la mise au rôle des affaires en question à la prochaine session du Tribunal pour être traitées en débat oral sur le fond.

Vu la démarche de la Roumanie auprès de la Société des Nations, je les ai déconseillés, provisoirement, de le faire pour ne pas embrouiller encore la situation qui a été déjà assez bouleversée par la démarche de la Roumanie, unique dans son genre et absolument contraire aux traités. Car en demandant, dès à présent et dans de telles circonstances, le débat oral et le jugement par défaut comme conséquence inévitable, il leur serait difficile plus tard (quand les suppléants seront nommés ou l'arbitre roumain se déciderait tout de même de siéger) de revenir sur leurs pas et le Tribunal ne saurait plus rouvrir la procédure écrite même dans le cas où la Roumanie, s'étant rendu compte qu'il ne lui était pas possible de faire violence aux Traités avec l'aide et l'assistance de la Société des Nations, voudrait changer d'attitude et se déciderait tout de même ultérieurement à déposer ses mémoires requis pour éviter d'être jugée par contumace. Les mains du Tribunal seraient alors liées dans le sens du droit strict.

Connaissant le haut esprit d'équité de Votre Excellence et son souci habituel de ménager les susceptibilités, j'avoue que je n'ose pas donner de conseil définitif à mes compatriotes, ni dans l'un ni dans l'autre sens sans être sûr d'avance de ne pas contrarier Votre Excellence en La mettant dans une situation qu'Elle aurait peut-être préféré d'éviter.

S'agissant du ménagement des intérêts de l'adversaire et non pas des intérêts des ressortissants hongrois, j'ose prier Votre Excellence de bien vouloir me confirmer dans mon attitude à prendre dans la question.

Je prie Votre Excellence de bien vouloir agréer les assurances de ma plus haute considération.

Signé : L. GAJZÁGÓ.

Son Excellence
M. Conrad de Cedercrantz
Ancien Ministre de Suède
Président du Tribunal arbitral
mixte roumano-hongrois.
Paris.

ANNEXE C. 1.

Ministère
Royal Hongrois
des
Affaires Etrangères.

6757/Pol.

Budapest, le 29 novembre 1922.

Monsieur Charles Feistmantel,
Chargé d'Affaires de la République Tchéco-Slovaque
à Budapest.

Monsieur le Chargé d'Affaires,

En me référant à la note N°. 24.196-22/IV., en date du 28 juillet a.c., j'ai l'honneur de porter à votre connaissance qu'aussitôt en sa possession, le Ministère Royal des Affaires Étrangères s'était adressé aux autorités compétentes dans l'affaire de la saisie, en sa totalité, aux fins de la réforme agraire, de la propriété des sujets tchéco-slovaques Victor Kuffler et sa femme.

Depuis lors, ces autorités ont examiné minutieusement, surtout du côté de principe, la réclamation présentée par cette note. Et le Gouvernement Royal hongrois lui-même, réuni en conseil de cabinet, a trouvé occasion de préciser son point de vue à l'égard du principe nettement exprimé par la Légation de la République, à savoir que, vu les dispositions catégoriques de l'article 63 du Traité de Paix de Trianon, non seulement les personnes ayant eu nationalité hongroise avant l'entrée en vigueur du Traité de Paix et ayant opté en faveur de la nationalité tchéco-slovaque, mais aussi, et encore davantage, celles qui ont acquis cette nationalité de plein droit sur la base des dispositions du même Traité, ont le droit de conserver leurs biens immeubles situés en Hongrie nonobstant la réforme agraire en train d'être réalisée dans ce pays, pourvu que ces personnes satisfassent aux autres exigences de la loi.

Le Gouvernement Royal de Hongrie a reconnu le bien fondé du principe dont part l'argumentation de la Légation de la République, ainsi qu'il se trouve précisé dans sa décision prise en conseil de cabinet le 4 novembre a.c., en vertu du droit que le pouvoir législatif lui avait conféré en vue de la mise en œuvre des dispositions du Traité de Paix, qui est lui-même inséré parmi les lois hongroises.

J'ai l'honneur de vous faire tenir sous ce pli copie de la décision du Conseil des Ministres en question, en vous assurant que le Gouvernement Royal de Hongrie veillera de son mieux à ce que dans les cas concrets, par conséquent aussi dans le cas des sujets tchéco-slovaques susmentionnés, les autorités exécutives se conforment sans réserve aux principes qui se dégagent de cette décision.

Je saisis cette occasion pour vous réitérer, Monsieur le Chargé d'affaires, les assurances de ma haute considération.

Pour le Ministre :
KÁNYA, m. p.,
Envoyé extraordinaire et Ministre plénipotentiaire.

I

DÉCISION DU CONSEIL DES MINISTRES.

En vertu de l'autorisation à lui donnée par l'article 2 de la loi XXXIII de 1921, portant ratification du Traité de Paix de Trianon, et par l'article 6 de la loi XVII de 1922, *le Gouvernement Royal hongrois, réuni en Conseil de cabinet, a décrété à la suite d'un cas concret ce qui suit :*

Vu les dispositions de l'article 63 du Traité de Paix de Trianon, d'après lesquelles les personnes qui en vertu de leur option avaient perdu leur nationalité antérieure, seront libres de conserver les biens immobiliers qu'elles possèdent sur le territoire de l'autre État où elles auraient eu leur domicile antérieurement à leur option ;

Les dispositions de l'article 28 *de la loi XXXVI de 1920, concernant la répartition plus proportionnée des terrains ruraux,* d'après lesquelles les biens ruraux qui ont été aliénés entre le 28 juillet 1914 et la date de la mise en vigueur de la loi susmentionnée, soit par contrat, soit par vente aux enchères, sont susceptibles d'expropriation en leur totalité, *ne sauraient être appliquées à l'égard des ci-devant sujets hongrois ayant perdu leur nationalité hongroise en vertu de leur option.*

Il reste réservé aux tribunaux compétents de décider dans quelle mesure il sera éventuellement nécessaire, en considération des dispositions du Traité de Paix, de prendre une attitude identique envers les autres sujets des Etats successeurs.

II

ARRÊT DE LA COUR AGRAIRE
dans l'affaire Kuffler.

Cour Centrale
[c]hargée de l'exécution
[d]es mesures agraires.
22.739/1922.
O. F. B.

Au nom de l'Etat hongrois.

La Cour Centrale chargée de l'exécution des mesures agraires a rendu en sa séance, tenue le 12 juin 1923, dans l'affaire des expropriations demandées par les habitants des communes de Tarczal et Tokaj, portant sur des immeubles situés dans les confins de la commune de Tarczal, la commission d'enquête ayant terminé ses travaux,

l'arrêt suivant :

. . . .

. . . .

IV. — La Cour a décidé, ensuite, sur le sort des terres restant en plus des parcelles que M. Victor Kuffler et sa femme ont offertes en vue de la réforme agraire . . . .

L'Envoyé extraordinaire et Ministre plénipotentiaire de l'État Tchéco-slovaque à Budapest a adressé en date du 28 juillet 1922, sous numéro 24.196/1922. IV., une note au Ministère royal des Affaires Etrangères, qui fut communiquée par voie officielle à la Cour agraire. Il résulte de la susdite note que M. Victor Kuffler, ayant l'indigénat sur le territoire transféré à l'État tchéco-slovaque, est selon les dispositions du Traité de Paix de Trianon ressortissant tchéco-slovaque.

En acceptant les conclusions de ladite note, en ce qui concerne l'application des dispositions de l'article 63 du Traité de Paix de Trianon aux biens situés sur le territoire de la Hongrie et possédés par des personnes devenues ressortissants tchéco-slovaques en vertu de l'article 61 du Traité, le Tribunal a libéré de l'expropriation l'immeuble en question de M. et Mme Kuffler, en tant qu'il ne fit pas l'objet d'une offre volontaire de leur part afin de contribuer, de plein gré, à la satisfaction des exigences locales de la réforme agraire.

Par ces motifs, le Tribunal a décidé que les terrains exempts de l'expropriation, formant une propriété moyenne, restent comme unité économique, dans la propriété de M. et Mme Kuffler.

. . . .

. . . .

Budapest, le 12 juin 1923.

Signé: Jean NAGY,
Président de Chambre à la Cour.

ANNEXE C. 2.

NOTE VERBALE

N° 4.710.

Faisant suite à la note en date du 14 octobre 1926 N°. 4.677, le Ministère Royal des Affaires Étrangères a l'honneur de porter à la connaissance de la Légation Royale qu'il n'a pas manqué de s'entremettre, où de ressort, pour s'informer de l'état de l'affaire de M. Charles Weiss et pour y remédier, en cas de besoin, en conformité des obligations internationales contractées par la Hongrie au Traité de Trianon.

Le Ministère Royal des Affaires Étrangères a eu déjà l'honneur, à plusieurs reprises, de satisfaire à pareils désirs de la Légation Royale, ainsi qu'à ceux d'autres qui lui ont adressé pareilles réclamations, *très rares du reste. Car le point de vue du Gouvernement hongrois était arrêté, dès le début sur la question soulevée en complète harmonie avec les stipulations du Traité, à savoir que l'article 28 de la loi hongroise sur la réforme agraire ne peut trouver application sous certains rapports à l'égard des ressortissants des Puissances alliées et associées en vue de stipulations internationales contraires et qu'en général le droit des gens même coutumier doit être respecté au cours d'application de la loi agraire. Ce point de vue a revêtu une forme expresse, ayant force de loi, dans le décret du Gouvernement pris en conseil de cabinet,* à l'occasion d'un cas concret, le 4 novembre 1923, dont copie fut communiquée immédiatement à la Légation de la République Tchéco-slovaque.

Le Ministère Royal des Affaires Etrangères fait tenir à la Légation Royale sous ce pli également copie de la teneur de ce décret avec mention *qu'il a été appliqué jusqu'ici dans tous les cas relevés par les autorités compétentes, et son contenu a même trouvé l'élargissement prévu à son dernier alinéa.*

A la Légation Royale de Roumanie,
Budapest.

ANNEXE D.

Ministère
des
Affaires Etrangères.

—

Nº 11.304.

Bucarest, le 28 février 1923.

Son Excellence

Monsieur le Baron Rubido-Zichy,

Envoyé Extraordinaire et Ministre Plénipotentiaire de Hongrie.

Monsieur le Ministre,

Me référant à vos notes nº 9083 du 17 juillet, 302 du 1er août, 14.887 des 12 et 18 septembre et 16926 du 11 octobre de l'année 1922, concernant les réclamations de divers sujets hongrois, relativement à des propriétés rurales situées en Roumanie et qui tombent sous le coup de la loi de Réforme agraire dans Transylvanie, le Banat, la Crisana et le Maramures, j'ai l'honneur de vous informer que j'ai fait examiner attentivement ces réclamations. Malheureusement, je me vois dans l'impossibilité de leur donner satisfaction, les propriétés auxquelles elles se réfèrent étant expropriées conformément à l'article 6 alinéa 3, de ladite loi.

La loi décide, en effet, que seront complètement expropriés les absentéistes, sans faire aucune différence entre les Roumains et les étrangers. Il ne saurait donc être question de créer pour les propriétaires d'origine hongroise, dans les territoires nouvellement annexés, une situation privilégiée, non seulement à l'égard des autres étrangers, mais encore de toute une classe de propriétaires roumains.

Les articles 63 *et* 250 *du Traité de Trianon*, auxquels vous vous référez, *à plusieurs reprises*, dans vos notes plus haut citées, ne peuvent évidemment avoir pour effet de créer un pareil état de choses.

Veuillez agréer, Monsieur le Ministre, les assurances de ma haute considération.

Pour le Ministre :
N. N. FILODOR.

ANNEXE E.

MONITORUL OFICIAL

du 16 janvier 1924.

Délibérations de l'Assemblée nationale des députés.
Comptes rendus de la Chambre, n° 33.
Session ordinaire de 1923-24.
Séance de jeudi 20 décembre 1923.

La séance est ouverte à 15 heures 15 minutes sous la présidence de M. G. Orleano, président. Secrétaires : D. Juca et M. Marinesco.

Sont présents : 327 députés . . . .

. . . .

. . . .

M. G. Orleano, président. — Le temps réservé par le règlement aux communications s'étant écoulé, nous passons à l'ordre du jour. Je donne la parole au rapporteur du projet de budget pour qu'il donne lecture de son rapport.

Nicolas Balanesco, rapporteur. — Messieurs, Suivant le Règlement, je devrais donner lecture de mon rapport sur le projet de budget de 1924. Je demande à la Chambre de consentir, comme elle l'a fait à la déposition du rapport, à ce que je ne lui fasse perdre du temps avec la lecture.

La Chambre consent que le rapport ci-après sur le projet de budget ne soit pas lu.

Projet du budget pour l'année 1924.

Exposé des motifs.

Le projet pour l'année 1924 que nous soumettons à la Chambre ne répond pas aux besoins de la Roumanie agrandie, etc...

1° Dépenses ordinaires : en millions de lei

. . . .

2° Dépenses extraordinaires :

. . . .

enfin, *grâce à l'emprunt de consolidation, nous avons payé en titres à 4 % sur l'Etat, émis dans les conditions fixées par la convention de consolidation, l'indemnité due aux ressortissants anglais et français pour les expropriations en Bessarabie. La dette résultant de ce chef avait été fixée à 1.102.652 livres sterling.*

Voici le résumé de notre situation :

I. Dommages subis :

. . . .

II. Obligations résultant des Traités de Saint-Germain et de Trianon pour la Roumanie :

1° Dette de libération.................................

2° Part incombant à la Roumanie de la dette publique d'avant-guerre de l'Autriche-Hongrie. ....

3° Valeur des biens autrichiens et hongrois situés sur les territoires libérés. ....

4° Expropriation des ressortissants anglais et français en Bessarabie.

Voilà pour le passif.

. . . .

Signé : Vintila I. BRATIANO
Ministre des Finances.

ANNEXE n° 1.

MÉMORANDUM

La situation économique et financière de la Roumanie en 1923 et le programme de l'avenir, communiqués en juin 1923 aux Gouvernements alliés et associés par le Ministre des Finances agissant au nom du Gouvernement roumain.

. . . .

MÉMORANDUM DU GOUVERNEMENT ROUMAIN

sur la situation actuelle de la Roumanie vis-à-vis de la question générale des réparations, communiqué en juin 1923 aux Gouvernements alliés et associés par le Ministre des Finances au nom du Gouvernement roumain.

. . . .

I. Pertes causées par la guerre à la Roumanie et obligations résultant des traités de paix :

. . . .

a) Dommages dont la liste a été soumise à la Commission des Réparations et examinée par la Commission ....

b) Emission, pendant l'occupation étrangère, des billets de banque forcés ....

c) Mise en vigueur anticipée du Traité de Bucarest ....

d) Dommages causés par les alliés dans l'industrie pétrolière du fait des destructions...

e) Dommages causés par quelques alliés pour certaines raisons (Confiscation des fonds publics envoyés à Moscou).................

f) Obligations incombant à la Roumanie du fait des Traités de Saint-Germain et de Trianon. Telles sont..........................

g) *Expropriation des ressortissants anglais et français en Bessarabie. L'obligation du payement d'indemnité, résultant de la reconnaissance par les alliés du rattachement de la Bessarabie à la Roumanie, se chiffre par plus d'un million de livres sterling en tenant compte de l'intérêt couru depuis le 1*er *janvier 1919. Si on avait appliqué les règles établies pour les ressortissants roumains, cette somme ne dépasserait pas vingt-deux millions de lei.*

En définitive, les obligations de la Roumanie créées par la guerre et désormais fixées ressortent des chiffres suivants :

I. Dommages présentés à la Commission des Réparations : 31.099.853.761 lei or ;

Indemnités aux ressortissants anglais et français de Bessarabie : 1.000.000 de livres sterling ;

II. Obligations des ex-ennemis. Suivant l'accord de Spaa......

. . . .

PARIS. — IMPRIMERIE B. DESFOSSÉS, 13, QUAI VOLTAIRE. — 94919.

PARIS. — IMPRIMERIE E. DESFOSSÉS, 13, QUAI VOLTAIRE. — 94919.

www.ingramcontent.com/pod-product-compliance
Ingram Content Group UK Ltd.
Pitfield, Milton Keynes, MK11 3LW, UK
UKHW021532260726
13993UKWH00004B/1951

9 782329 181196